JN224364

私はアセクシュアル

自分らしさを見つけるまでの物語

レベッカ・バージェス [著]

上田勢子 [訳] 中村香住 [解説]

How to Be Ace:
A Memoir of Growing Up Asexual
by Rebecca Burgess

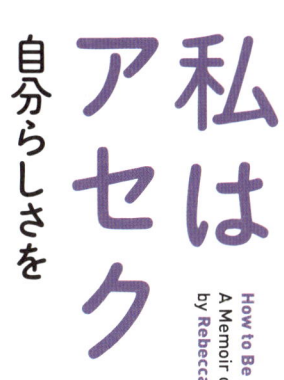

明石書店

注：本書には、いじめ、不安障害、OCD（強迫性障害）、
レイプ、セックス、飲酒などについても書かれています。

もくじ

1章

自分でないふり

学校のみんなは、ある年齢に達すると、ただ一つのことにしか
興味を示さなくなった。男の子、女の子、
そして**セックス**のこと。

でも私の場合は？　漫画にしか興味がなかった。

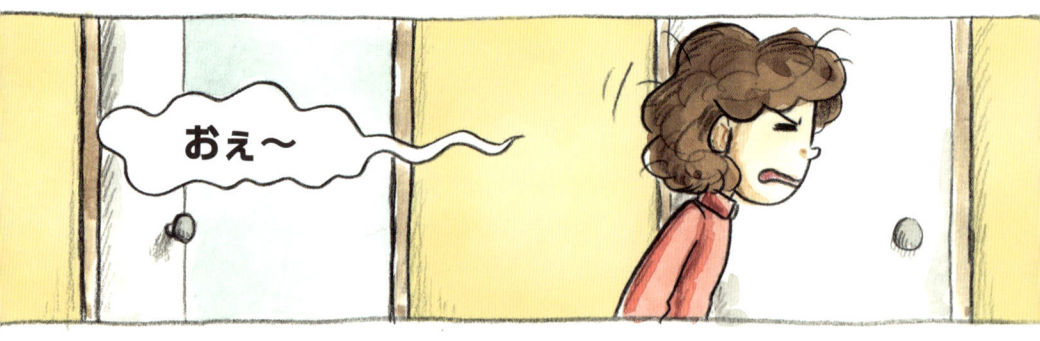

学校に行きたくない日は誰にでもあるけど、私の場合は朝起きるのがイヤだったり、学校が退屈だったりしたわけじゃない。

学生時代ずっと変人扱いされたし、**毎日いじめられて**たから、学校がイヤでたまらなかった。いじめが自尊感情にどれほどダメージを与えていたか、卒業するまで気づかなかった。

当時は、それが私の日常だったわけで！

えー！その髪型、笑える！ブラッシングしたことないの？

なんであんた、目を合わせないのよ？**変なヤツ！**

あ、うん

あんた、友だちいないでしょ？

他のクラスにいるよ

ハハハ！なんか**ダサイ**ものがぶら下がってるよ

し…かっこいいと思ってたんだけど…

ドラゴンのキーホルダー。確か**に**ダサかった！

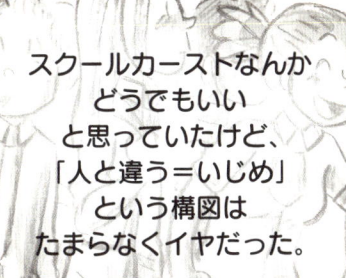

スクールカーストなんか
どうでもいい
と思っていたけど、
「人と違う＝いじめ」
という構図は
たまらなくイヤだった。

人と「違う」と思えば
思うほどストレスが
大きくなる。だから
私は違いを隠そうとした。
サバイバルのために。

成長に伴って、みんな
セックストークも
成長した。

女子にはポルノ
なんかいらないよ。
ポルノは「**負け犬**」
が見るものよ。
私の場合、
彼氏が
十分楽しませて
くれてるし！

もう彼氏と
そんな
ことやってる
のかな??

彼氏って、
なんか**怖いな**

ひとりでバスに乗るの
だって怖い！
はじめてのセックスは、
もっと怖いよ！

えーと、
チケット
1枚ください

バス運転手に
どう言えばいいか練習中

それにしても、なぜセックスが
そんなに重要なの？

セックスの
魅力ってなに？
どうしてみんな、
そんなことばかり
話してるの？

私の場合、
同年代の男子が
嫌いなだけかも。
まるで
ガキだし。

ま、いいか。
まだ16歳だから
心配しなくてもいいよね。
それに私の友だちも
漫画にしか興味ないんだ。

メリーアン、
『フルーツバスケット』
4巻もう読んだ？

昔から、
数少ない友だちの間でも、
自分は変だ
と思っていたけど

ほんとは興味なくても、
みんなに合わせてた。

そうやってつながっていないと、
友だちを失くす
と思ったのかもしれない。

アセクシュアルってなに？

アセクシュアル（ACE）の一般的な定義は
「性的に惹かれないこと」で、ざっくり言えば、
セックスに興味がないということ。
でも、どんなセクシュアリティにも言える
ことだけど、アセクシュアルも
そんなに単純じゃないんだ！
アセクシュアリティの
スペクトラムの中には、
たとえばこんなラベルがあるよ。

〜 アロマンティック 〜

〜デミセクシュアル〜

〜 グレイエース 〜

〜デミロマンティック〜

2章

努力してみたけれど

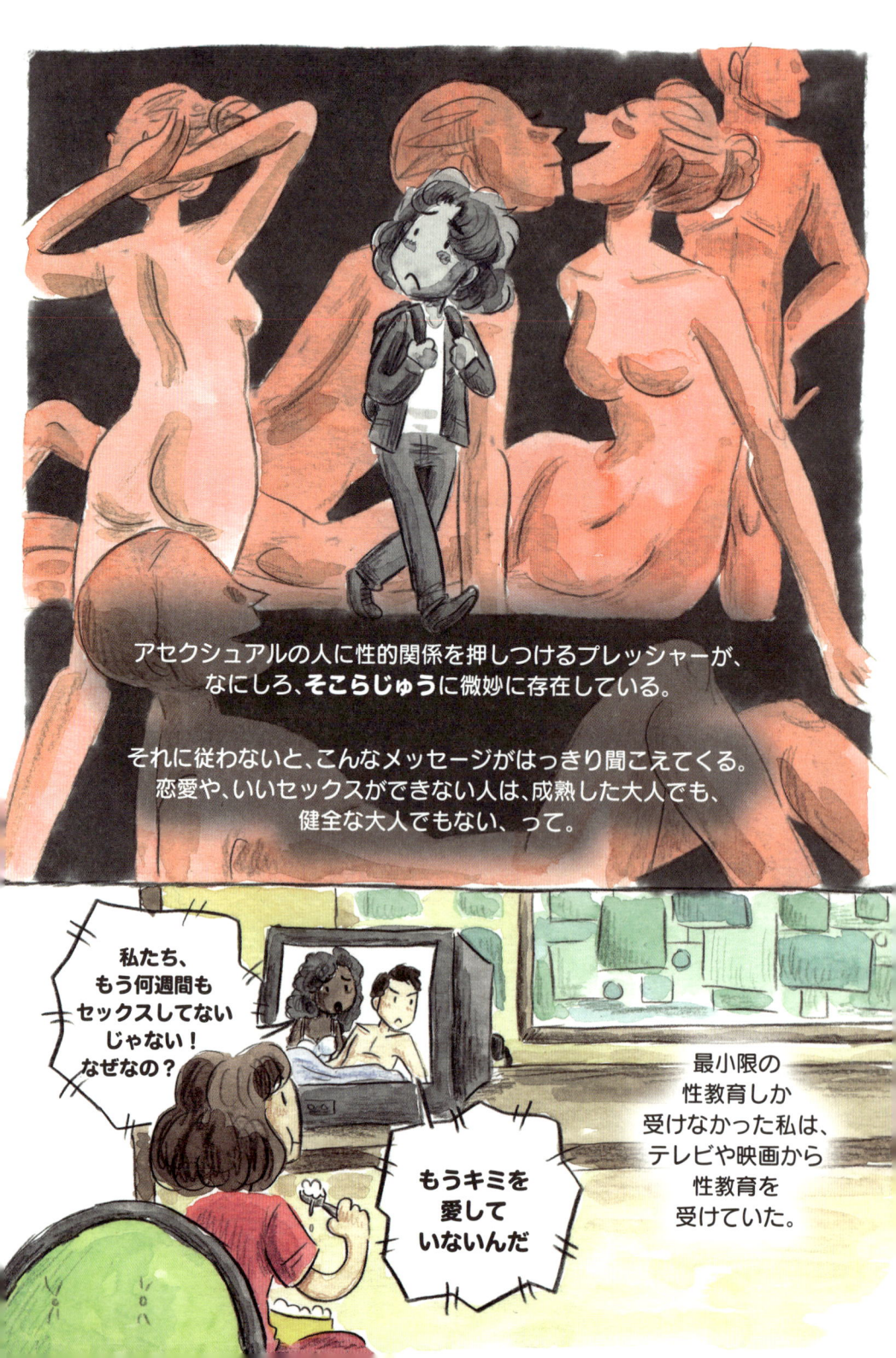

アセクシュアルの人に性的関係を押しつけるプレッシャーが、
なにしろ、**そこらじゅう**に微妙に存在している。

それに従わないと、こんなメッセージがはっきり聞こえてくる。
恋愛や、いいセックスができない人は、成熟した大人でも、
健全な大人でもない、って。

私たち、
もう何週間も
セックスしてない
じゃない！
なぜなの？

もうキミを
愛して
いないんだ

最小限の
性教育しか
受けなかった私は、
テレビや映画から
性教育を
受けていた。

…漫画からも…

わ、もうこんな時間。大学に行く用意しなくちゃ

ぶるる…さむーい!!バスがまた遅れないといいけど！

…音楽からも…

ああ、ダーリン！あなたに触ってほしい…

…周りのみんなからも…

で？新しい彼氏できた？ぼやぼやしてると年取っちゃうよ！

…大学の仲間からも！

美大は、
これまでの学校とは
全く違っていた。

16歳にして、
やっとありのままの自分に
なれた…と思ったけど！

ヒソヒソ

大学でもだいたいに
おいて以前となにも
変わらなかった。
どの教室でも、
私はアウトサイダーで、
他の子たちに
からかわれた。

でもエレベーターで最上階へ
行けば…

チン！

…アート科の学生は
思いっきり自由…

美大のおかげで
自信がついて、
数か月後には、
すっかり別人に
なったようだった。
でも乗り越えるのが
困難なハードルも
まだあった。

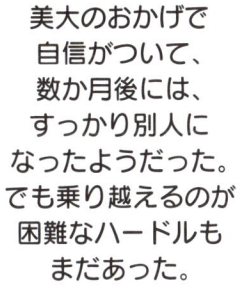

さてと

諸君、僕はちょっと
一服してくるよ

いいね、
僕も
行くよ

…

あらら…ピートと
二人きりに
なっちゃった。

アニメと漫画以外、
どんな話を
していいか
わからない。

ピートと共通の
趣味はない。
どんなことを
話したらいいんだろう？

いい日だったな！
普段はなかなか
できないのに、
今日は人としっかり
つながれたよ！

それに、いい音楽も
教えてもらったし

カチッ

うわー
クタクタだぁ

うー、普段は昼寝なんか
しないけど、今日だけ…

大学時代、ひどく疲れることがよくあった。
振り返ってみると、人づきあいの後、疲れていたようだ。
人づきあいは私にとって自然なことじゃない。
余計に集中しなくてはならないから。

ピーッ
ピーッ
ピーッ

私は試行錯誤をしながら、
徐々にいろいろな
新しい体験を
試して、
乗り越えてきた。

どうしていいか
わからない
ことにも、
飛び込んでみた。

私の双子の妹
サラ

性体験も、
きっとそんなもの
だろうと思ってた。

ウートン・
バセット高校

文化規範に惑わされて、
私は自分のセクシュアリティを
無視することを覚えた。
でも、それだけではなかった。

ああ～
長い一日
だったな
…やっと
寝られるよ

覚えている限りずっと、
私は厳しいルーティン
とルールを守って生活
してきた。それがないと、
毎日が維持できない
と思っていたんだ。

歯を磨かなければ…

なにか悪いことが起こる。

上から順々に
着替えること。

どんなことでも、
上から下へ順番に
やらないと…
悪いことが起きる。

寝る前に本を読むのは、
シャワーを
浴びなかった日だけ。

必ず左のページで
読み終えること。
右のページだと、
悪いことが起こる。

ドアの方を向いて寝ること。朝4時までは、壁に向いて寝てはいけない…

やだやだ、気持ち悪いよー。今日忙しかったからかな…パニック起きそう！でも、もうすぐ気分がよくなるよ。**多分**

…さもなくば、悪いことが起きるんだ。

ぜったいなにかおかしい。さっきまでは平気だったのに。今すごく気分が悪い。

だいじょうぶ、きっとアドレナリンのせい。悪いことが起きたらどうする？気持ち悪いよー。

人には、ごく普通のルーティンに見えるかもしれないけど、実際、私にとっては恐怖や不安を食い止めようとする脳の働きで、安心感を得る方法でもあった。もっとも安心感なんて、めったに得られないけど。

さらに悪いことには、毎晩、ひどい嘔吐恐怖が襲ってくる。ルーティンを守るのは一時的な解決にしかならない。多くのことが起きた日は、それが引き金になって体が「闘うか逃げるか」モードになってしまう。すると、不安発作が頭の中で渦巻き始める。

そんなサイクルが少なくとも3時間は繰り返される。心臓がバクバク頭が痛い…吐きそう吐くな〜心臓がバクバク頭が痛い…

アドレナリンとめまいが襲い、震えがきて、激しいむかつきが波のように押し寄せる。すると、吐くんじゃないかと、もっと不安になる。そしてまた同じことが繰り返される。心臓がバクバク頭が痛い…吐きそう吐くな〜心臓がバクバク頭が痛い…

頭と体を静めてくれるものがあるとしたら、それは徹底的な疲労感だけ。

自分でも気づかないうちに、眠ってしまう。

う〜頭痛い…

不安発作が起きた翌朝は、疲れきって、気分が悪く、ひどい頭痛がする。まるで二日酔いみたいに！

もちろん毎朝、私は無事に目覚めるけど、安心するために例のこまごましたルーティンを繰り返す…
それは、危険を察知したことを脳に再び植え付けることだった。

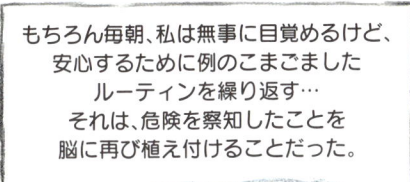

やっぱり
上から下へと順々に

急がなくっちゃ。
大学に行くバスに
乗り遅れる…

おはよう！
どんな気分？

だいじょうぶよ！
ママは？

こうしたことが全て、強迫性障害（OCD）の症状だということも、不安発作を止める治療があることも知らなかった。日常生活で身を守ることに精一杯で、人に相談したり助けを求めたりできるなんて、全く思いもよらなかったんだ。

メンタルヘルスやセクシュアリティの面で、規範的な文化にハマらない人たちは、みんなこんなふうに感じているのかな？

性的魅力　と　ロマンティックな魅力

あまり言われていないことだけど、ロマンティックに惹かれることと、性的に惹かれることには、違いがあるんだ。

ロマンティックな魅力とは、誰かに対して強い感情的な気持ちを持つこと。その人の個性に惹かれて、感情的に親密なつながりを持ちたいと思うこと。

性的な魅力とは、誰かに対して強い性的な感情を持つこと。その人の体に惹かれて、身体的に近づいて親密になりたいと願うこと。

多くの人にとって、ロマンティックな魅力と性的な魅力は重なり合い、絡み合っている。この二つが実際には違っているということがあまり知られていないのは、そのためかもしれない。

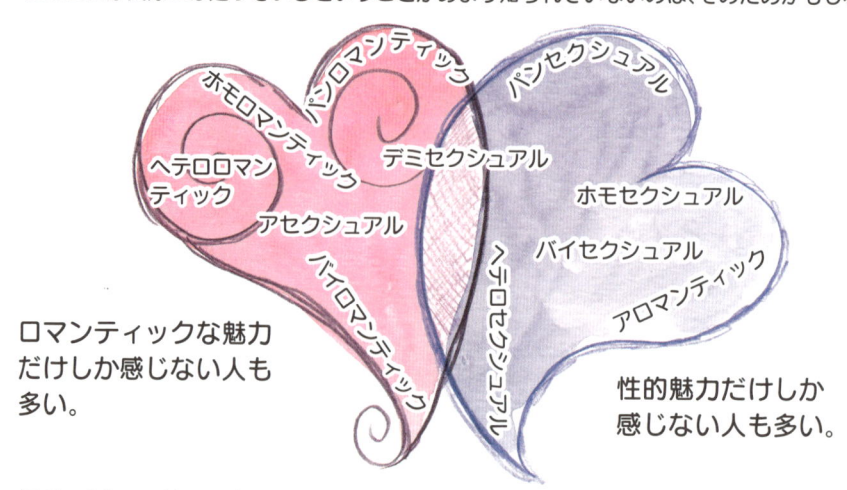

ヘテロロマンティック
ホモロマンティック
ヘテロロマンティック
バイロマンティック
アセクシュアル
バイロマンティック

パンセクシュアル
デミセクシュアル
ホモセクシュアル
バイセクシュアル
アロマンティック
ヘテロセクシュアル

ロマンティックな魅力だけしか感じない人も多い。

性的魅力だけしか感じない人も多い。

相手のジェンダーによって、異なる感情を抱く人もいる（たとえば、どのジェンダーにもロマンティックに惹かれるけど、女性にしか性的魅力を感じない人）。
でも、誰もがそれぞれ、このスペクトラムのどこかに位置しているんだ！

3章

傷つけた人がいる

43

大学生とはどんなことを
するべきか、入学する前から
私には明確なイメージがあった。

社会の期待から学んだことは、
ありのままの自分でいては
完全な人生など送れないということだった。

だから社会の期待に応えようと
精一杯努力してみた。
でもどうしてもしっくり
こないこともあって、それは
成長しても変わらなかったんだ。

大学で学んだ最大のレッスンは、
自分のままでいてもいいと
学ぶことだった。

トムの好きな酒は
なんだと思う？

ワインでしょ、
やっぱり！

トムってさ、映画『ウィズネイルと僕』
みたいだよね

まったく
そうだね！

トムは、しっかり60年代に生きてるよね！
『ウィズネイルと僕』的な生き方ができない
美大生なんてニセモノさ。少なくとも
観たことがなくては話にもならないけどね

ハハハ、まったく、まったく。
ところで、『恋愛睡眠のすすめ』観た？

観たこと
ないけど…
観たふりしよう

……

美大１年生は、
奇妙な実験
メディアを
観たことを
ひけらかしたがるもの。

静かなところでおしゃべりしたり、リラックスしたり…全部こんなパーティだといいのに。

あー、外の方がずっと気持ちいいや！

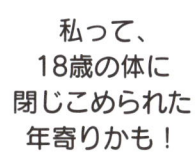

私って、18歳の体に閉じこめられた年寄りかも！

うん、僕もそう思うよ

??

大きいパーティより、友だちと、まったりする方が好きだよ…

げっ…？

どうしよう

トムが誘ってる??

トムのこと、わりと好きだし。私も触るべき？

ああ、静かで安全な家に帰れると思ったら、少し気分がよくなってきた。

トムがずっと私の背中や手を触ってたよね。

…もっと進展させるべきなのかな？いい人だし。

でも実のところ…

彼に触られても、どきどきしたわけでもないし…

好きな人なら、なにか感じるべきじゃないの？そして自分も触りたいと思うべき？

ということは、あんまり彼のこと好きじゃないのかも。

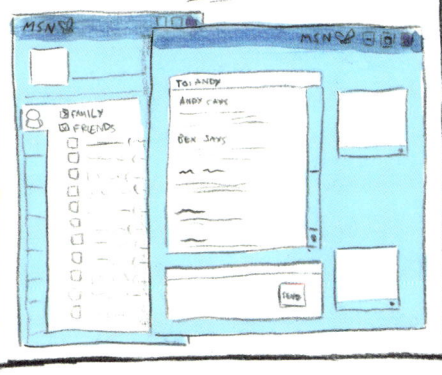

「時間をかけてもいい？」と私が言ったから、そうなるわけではなかったし、
アンディが、「それでもいいよ」と言ってくれても、
なにかが変わるわけではなかった。

これって、
まずいよ。
不安になってきた。

…震えも出てきた。

不安発作が起きそうだ。
まだ朝4時だからだいじょうぶかな。

困ったぞ！4時になったら
窓の向きに寝返りをうたなくては。
アドレナリンがあふれ出てきたよ…

誰かとベッドを共有するということは

普段の夜のルーティンが
できないということだ。

…吐き気がしてきた。

いつもの寝返りができないと
安心できない。どうすればいい？

アドレナリンのせいだ。
ただアドレナリンが暴れているだけだ。
だいじょうぶ…私は吐かない…でも**これから、
安心するためにどうすればいいの？**

その夜、ロマンティックに惹かれる人に近づく努力を
精一杯したけど、結果は3時間も続く不安発作だった。

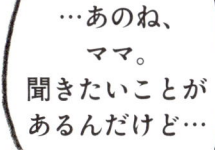

あのね、
アンディのこと
大好きだよ。
でもハグしたくないんだ…

昨日の夜、
一緒にベッドに入っても
楽しくなかった。
そういうカップルもいるよね？

うーん、そうね…
そういう
カップル、**聞いた
ことないけど**…
でも…

あなたたちが
よければ、
いいんじゃないの
かな…**多分**…？

…そう…

ママに私の
気持ちは
わからないみたい。
実際、誰にも
わかって
もらえない。

「だったら、
性的な関係に
慣れるしかないな」
と思った。

…でもそれは
不可能だった…
だって、まさにその月から、
アンディや他の大学の
友だちと一緒に住む
ことになっていたから。

やっと
家を出て
暮らせるのって、
ワクワクするな！

やあ

アハハハハ!!

ああ、
そうだった

どうして、
このままじゃいけないの？
先に進まなくてもいいんじゃないの？

…

アンディもここに
住んでるんだよね…
リビングルームも
キッチンも
全部共同だし…

ふん！

…

夏が過ぎ、私はますます
アンディによそよそしくなっていった。なんの説明もせずに。

最悪の対処の
仕方だった。

あーあ

その頃、わけもなくアンディに猛烈に
腹が立っていた。ひどいことをしたと、
今でも後悔してる。

ひどいふるまいの理由は、結局のところ、
恋愛経験の不足と若気の至りだったのかもしれない。

でも、自分のことがまったくわかっていなかったことも、その理由だった。

私、どこが
おかしいんだろう？

アセクシュアルな人がいるなんて知らなかった。
その頃、まだよく知られていなかったから。**今でもそうだけど。**

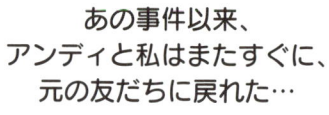

あの事件以来、
アンディと私はまたすぐに、
元の友だちに戻れた…

…でもそのことで、
私は1年間、苦悩し続けた。

こう考えずには
いられなかったんだ。

きっと私、
どこか
おかしいんだ

それとも
性的なことを
するのが
怖いだけなのか？

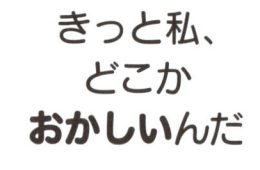

同じ気持ちの人がいるかもしれないというヒントさえ私の日常生活には見当たらなかった。
聞きたいことがたくさんあるのに、答えがあるのかさえもわからない。
アセクシュアルのことを知らなかった多くの人も、きっとこんな気持ちだったろう。

ちょっと待てよ！

ありのままの自分で
いるだけなのに、どうして
自分を憎んでいるの？

どこを見ても恋愛ばっかり。
性的な気持ちにならないのは、
まるで**悪いこと**みたいじゃないか？

いったい誰が、
「普通と違う＝悪」だと
決めたというの？

自分のままでいても、
誰も傷つけなければ…

…それでいいはず！
そうだよね？
そうだよね？

その日を境に、ありのままの自分で
いてもいいんだと、もっと思えるようになった。
自分ではないものになろうとしなくてもいいんだ…

今でもこれが、大学で学んだ最大の
レッスンだと思う。そしていつも
忘れないようにしている。

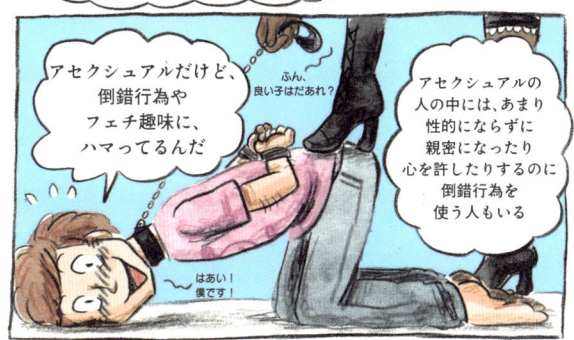

どんなセクシュアリティもそうであるように、
アセクシュアルという言葉は、各人が自分なりのユニークな体験を
表すために使うシンプルで簡潔なラベルなんだ！

4章

一生ひとりぼっちでもいいの？

19歳の時、それから10年間の人生地図を思い描いた。
そのシンプルな地図どおりに進めば、全てが実現できると思っていた。

当然のことながら、実現したいと切実に願っても、
そうなるとは限らないのが現実だ。

その翌日も

…空気より軽い
気持ちは、
まだ続いていた！

でも…きっと、だいじょうぶだよ

ヘヘヘ！

トムのことを
思うたびに…

…体が
軽くなって、
ハッピーな
気持ちになる！

そんなふうに、感情レベルで
人とつながれたのは、
はじめてだった。

あ〜トム〜！

本当に
好きになりそう！‥
みたいな感じ。

セラピーを受けるかどうか、
しばらく考えた。
勇気を出して連絡するのも
大変だった。

予約メールを送るのも、
難しかった！

よっしゃ！

送ったぞ！

それに1回目の
セラピーに行くのも！

行く前にパニック
発作を起こした。

本当に気分が悪く
なっちゃった

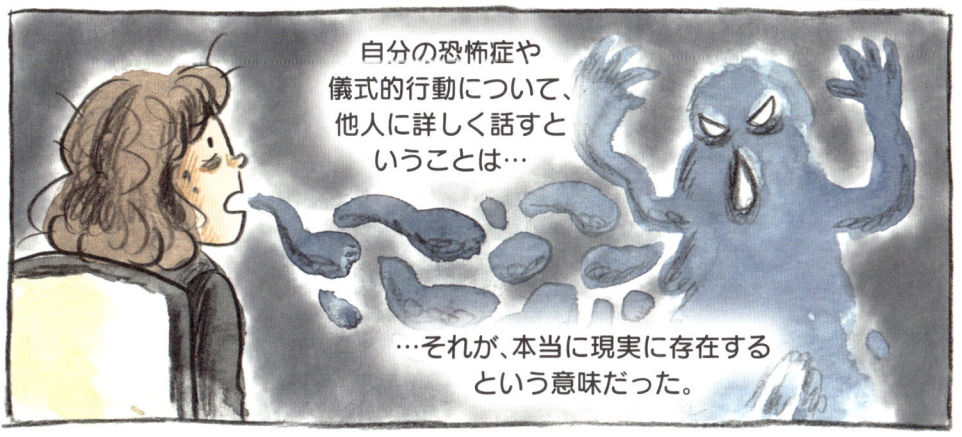

自分の恐怖症や
儀式的行動について、
他人に詳しく話すと
いうことは…

…それが、本当に現実に存在する
という意味だった。

性的なことに
興味がないから
だと思います

そう言ってましたね…

でもトムはすごく
セクシュアルな人なの

だからプレッシャーを
感じるんです

あのね、
あなたもいつかは、
セックスをすることに
なるんですよ…

お前たちの
母親が俺と別れる
と言うのなら…！

あなたの
過去のことを
考えると…

恋愛する
準備がまだ
整っていないの
でしょう

恋愛について
しっかり
考えられないのは、
今いろいろなことが
ありすぎるから
でしょう

ああ、それって理に
かなっているかも…

ような気がします…

そうか、
そうなのかも…

…性的な関係になる
準備がまだできて
いないのかも

振り返って考えると、セラピストに
「いつかセックスをする日が来る」と
力説されたり、私のセクシュアリティを
過去の悪い経験に結びつけられたり
定義されたりしたのは、
決して良いこととは言えなかった。

でも、まだアセクシュアリティが
ほとんど知られていなかったため、
セラピストは私のセクシュアリティを
真剣に受け止めてくれなかった。
私自身さえ真剣に
受け止められなかったので、
またしても、こう思い続けた。

いつか
できるように
なるだろう

まだ
準備が
できてないだけ

今の私は、
ちょっと
壊れてるだけ

みんな、
パートナーと
性的なことを
してるよね

でも最終的には、自分を一番よく
知っているのは自分自身だ。

時間が
必要
なんだ！

いつかトムと
性的な関係になる
準備がきっとできる。
だってトムの
ことが好きだもの！

…でも、
うまく
いかないかも

…これから
誰かを
好きになったり、
恋愛をしたりしても、
いつもこんな感じなのかな？

私と同じものが欲しい
パートナーなんて、
見つかりっこないよ…

きっと…
私は孤独に
なるように
できてるんだよ

永遠にひとり
ぼっちかもという
考えと闘っている間、

それとは別の、
ある状態が
悪化するのを
私は無視していた。

でも、そのことで
カウンセリングに
来たのでは
ありませんか？

あ、はい。
そうです！

でも、ルーティンを
やめるのは
ちょっと怖いんです

よく聞いてください。
そうした
ルーティンや…

…掃除は…

不確かな気持ちを
コントロール
するのに役立って
いると思う
かもしれませんね

でも、あなたの
恐怖症やパニック発作が
重症なのには、
理由があるのですよ

安心しようと努力することによって、
世界が恐ろしいところだという
考えがさらに強化されていくのです

常に怖いと思うのが
いやなら

悪いことは
止められないという
現実を直視すべきです

…食べたくない

…眠くない

急に…

ベッドの外の全てが
怖くなった。

明日、朝起きても、
いつもの安心の儀式を
やってはいけないんだ。

それは恐怖症を
悪化させるだけだから。

でも、それをしないと考えると…

未知の恐怖に足を
踏み入れているような気がする。

それに…
向こうにはなにが
あるのかわからない。

どうしてこんなに
怖いんだろう？

私は考え続けた

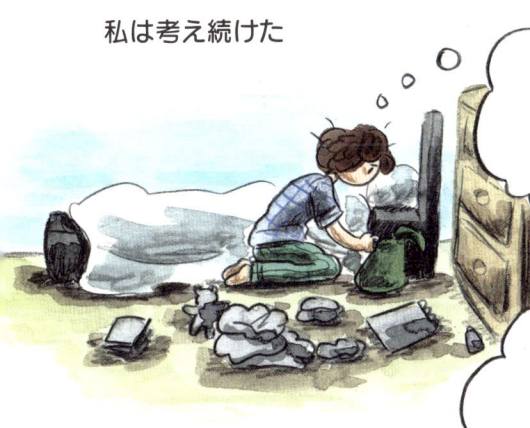

なにがなんでも、
このルーティンを
続けてはいけない

どうすればやめられるか
わかったんだから、
今すぐ始めるべき。
そうしなければ、
もう永遠に安心できないだろう

こんなに、
どうしようもない
気持ちになったのは、
はじめてだった！

クリスマスも楽しくない

ステキなクリスマスケーキも
食べられない…

…食べたら
病気になる
かもしれない

うふふ！
あと２日で
クリスマスよ！

…

…うん…

いいわよ？

どうしたの？

ママ、
ちょっと
聞いてくれる？

えーと…
あることで、
セラピストに
かかってるんだ

母になにもかも
説明するのは
怖すぎた。

でね、問題をどう
解決したら
いいかは、
わかってるんだ

でもまだ
その準備が
できないの

でもそこが
問題なんだと
わかったからには、
それを無視する
こともできない

プレッシャーで
すごいストレスなんだ

自分自身と自分の生活の
全てを今すぐ変える努力を
しなくてはならないなんて

どうして、
今すぐじゃないといけないの？

前進しなくては
ならないと受け入れる
ことが、重要なの。

そしてそこから、
なにがあろうと、
前進するの。

周りの世界を
コントロールする
ことはできないけど、
自分がいつなにを
どれほどしたいかは
コントロールできるのよ。

だって、
誰のものでもない、
あなたの人生だから。
それさえ忘れなければ、
時間をかけてゆっくり
前進すればいいの。

アセクシュアリティとは他者に性的魅力を感じないことや、
性的行動への興味や欲求がなかったり低かったりすること。
性的指向の一つ、あるいは性的指向がないものと考えてもよいだろう。
さらに、アセクシュアルのサブアイデンティティには、
様々なスペクトラムを含む、広いカテゴリーがある。

「…そしてそこから、なにがあろうと、前進するの」

テレビにアセクシュアルのキャラクターは、ほぼ皆無。
たまにいても、こんなふうに描かれている*。

*これらのキャラクターはアセクシュアルのようにふるまい、アセクシュアルと解釈できるが、他のセクシュアリティであることを否定するわけではない。

クロウリー、急ぎすぎるよ

面倒なことになっても、いいじゃないか

一緒にランチどう？

アセクシュアルのラブストーリーと受け取れると原作者が書いているのを見てからは、この番組にすっかり魅せられてしまった！だってアセクシュアリティが描かれているかもしれないから。

「シップス」には興味なかった。

ああああああああ！♡♡

どこがいいのかわからないし、共感もできなかった。

でも「グッド・オーメンズ」は…

生まれてはじめて、テレビドラマに**自分**を見た！

私の恋愛が描かれていたし、すごく**ロマンチック**だから！

「**グッド・オーメンズ**」は、私の大のお気に入りとなった。

なぜって？ずばり、私自身の体験が描かれているから。キスやタッチしなくても、**本物**の恋愛だし、不健全だとも描かれていないし。ハッピーでポジティブな**ラブストーリー**よ。

わお！すばらしい表現に大感激！

5章

私の恋愛

あぁぁぁ、最悪の人生だ。学校に残りたいよー

アハハハ！

だいじょうぶだよ、クリス!!

2008年のリーマンショックや株価暴落について聞いたことがなかったわけじゃない…

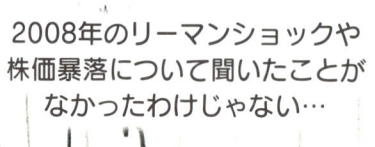

2008

でもそれは、まだ私がフルタイムの学生だった時のこと。

わーい。安いじゃん！

学生ローンで家賃や生活費が払えたし、食料品に消費税がかからなくなって、貧乏学生でも食べることができた。

あのバカが市長に当選したって?!

政治からは、なんの影響も受けなかったし、ただ政治家のことを笑っていただけ。

経済なんか退屈だし、理解できなくても別に問題なかったし…

…面白い漫画があればそれでよかった!!

しかし、卒業したとたん

じゃ〜ーん！

全てが変わった。

ちがいます！
こ、こ、断ったん
じゃなくて、あの、
1回限りの仕事で、
も、もうやり
終えたんです

それでは、あなたの申請は、
いったん終わりにしましょう。
また改めて申請し直してください

申請し直し?!

どうして
ですか？
仕事を断った
わけではないのに

あなたが
なぜ理解
できないのかが、
私には
わかりませんね

よく聞いて

あなたは

改めて

申請

し直さなくては
なりません

わ、私、
で、でもー

…

大学卒業後の数年間が、ひどい不景気の
真っただ中だったなんて。

それでも、私が空腹や
ストレスに耐え、
不安定で職がなくても
耐え忍ぶことができたのは、
ひとえに…

そんな話をした1年後、
私にはどこに行くお金も、
することもなかった。
だから…

ねえ、ソフィー、
ロールプレイの
物語、始めて
みない？

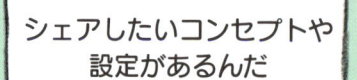

シェアしたいコンセプトや
設定があるんだ

ロールプレイの
面白いところは

いろいろなキャラクターを
設定して、考え方や感情を、
実際に他の誰かと一緒に
探求していけること。

私の作った
キャラクターは、
不安や心配や
怒りを
抱えた人。

いいじゃ
ないの！

うれしい！

じゃあ、
一つ目の
投稿をするよ

ここに引っ越してきて、
ちょっとワクワクしてる…

でも…この部屋はベッドでいっぱい

…お金もないし…

…人生って…まったく…なんか変だよ。

正直に言うと

人生はもう以前の
ような喜びを
もたらしてくれない。

毎日の生活から、
また、なにかを
感じられるようになれば
いいのに。

私とソフィーは文章を投稿し合いながら物語を作っていった。物語の下に、よくこんな軽い会話を書き込んだ。

アーチーは目を見開いてパニックし始めた。彼にとって死より恐ろしいものに直面して、どうすることもできず、耳を両手で覆ってすすり泣くしかなかったのだ。
《あー、なんてかわいそうなアーチー！》
10月2日10:43am

私の場合、キャラクターを通してソフィーに自分の気持ちを伝えることがよくあった。

私たちの軽い会話を通して、二人の創造物に現実が織り込まれていった。

…

《アーチーがここで見せた反応は、本当に怖くなった時の私の反応と同じだよ。アーチーの恐怖症と同じなんだ》

ブリストルに越してから、人生が上向きになり始めた。

ソフィーはいつも毎日何回も
メッセージをくれるのに！

どうしてメッセージ
くれないの？私、強引すぎたの？

いつもたくさん話すから、♡を二つつけても
いいと思ったんだ！もう私と話したくなく
なったのかな。どうしよう？

嫌われちゃったのかな。
もっと会いたい
のに！

二人ともアセクシュアルだから、
あまり話題にしたり考えたり
しなかったけど…

…こんなふうに
彼女が**いなくなってみると**…

アセクシュアルの恋愛って…独特だよね！

こんにちはソフィー！どこか行こうよ？

多分、ソフィーより私の方が先に彼女に夢中になってた。

ううん、誰もいないよ。二人だけ！それでもいい？わーい！

性的な関係と違って、私の気持ちのゆるやかな変化は、外には現れない。

ただもっと頻繁に会うようになっただけ。

それから数年かけて、私たちはもっと親密になった。私が恋愛に求めていた全てを得ることができたんだ。

相手を支えて、ケアすること。

相手にも支えてもらうこと。

夜遅くまでベッドでしゃべること。

わぁっ！

理由もなく、特別ステキなプレゼントをすること。

以前の恋愛では、身体の接触を急に求められると、恐れおののいたけど、

ちょっと変な感じ！

どうしよう？以前はいつもパニクってたけど…

…でもソフィーとなら…

…

彼女もアセクシュアルだから、強要はしないと信じてる。

アセクシュアルが知られていないことや、それについての手引きもなかったため、初めは少し問題もあった。

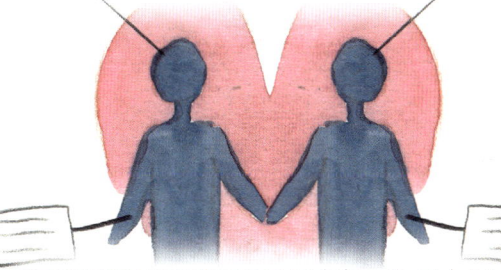

友情関係が特別な関係に変わったことが、自分たちにわかるような指標が存在しなかったから。

これって…
なんか、いい感じ！

そのせいで、昔からよくある疑問で、不安な夜をいくつも過ごした。

つきあおうとか、イチャイチャしようとか、尋ね合ったこともないし

ソフィーも私と同じぐらい強い気持ちなのかな？

ハグ以上のことはしなかったし…

ところでハグは、時々、他の友だちともしてた！

でもそのせいで、私たちのどちらかと馴れ馴れしくしてもいいんだという誤解を、友だちに与えたことがあって…

因習的な恋愛関係の人よりも、よっぽど不安に思ってた！

同居人の一人が、私を差し置いてソフィーにデレデレしているのを見て、猛烈にやきもちを焼いたり、不安になったりしたこともある！

たまたま会話中に、私がアセクシュアルだと言うと、こんな反応がかえってくる…

6章

私はアセクシュアル

歳を重ねるごとに、
私の人生は
向上していった。

足痛い！

めちゃくちゃ
疲れるわりに
給料がひどく安い
清掃の仕事を
5年もやって…

この仕事、
手伝って
いただけますか？

はい！
もちろん！

…やっとイラストの仕事の
オファーがあった。お給料も
十分だったので、私はアート
の仕事をフルタイムでする
リスクにかけてみよう
という気持ちになった。

この本を書いている今もまだ、
多くの知り合いほどは
稼げていないけど、

ソーダだって
買えるように
なった！

リーマンショックの頃とくらべると、
けっこううまくやれてる。

それにパートナーを
得たわけだから、
この文化が
言うところの
「完璧な人生」
になったはず。

でも、もちろん人生は完璧なハッピーエンドへ向かう
二者択一の道では**ない**。

大学時代に学んだのは、恋愛を最終目的にしないことと、
恋愛が全ての問題解決にはならないということだった。

性的関係を追求しようと努力した結果、自分自身のあり方に気づいた。
そしてそれによって、この文化に受け入れられている概念が、
いかに大勢の多様な人たちを
締め出しているかということもわかった。

恋愛は誰もがするべき重要なことだというのなら、
アロマンティックな人たちの人生には、
それほど意味がないといえるのだろうか?

恋愛したくても、身体やメンタルヘルスの問題で、
今それができない人は、どうなるの?

年老いてから離婚する人や、パートナーを失う人や、
自分に合う人を見つけられなかった人…
そんな人たちの人生を軽んじていいのだろうか?

毎日ではなくなったけど、特にストレスがあると、
まだパニック発作や強迫性障害（OCD）が定期的に起きる。

…恋愛について前に言ったことと
矛盾してるけど、人生のつらい瞬間を
乗り越える助けをしてくれる
親友がいるのは、
確かにうれしいことだ。

アセクシュアルが
どんなことか
理解されないため…

…パートナーが
見つかりさえすれば、
どんな問題でも解決すると
思っている人が多いだろう。

でも正直言って、
他のセクシュアリティと
同じように、自分に正直で
いるだけで、
頼みもしないのに、
恥辱やひどい意見を
たくさん浴びせ
かけられている。

つまり、きみはどこか
おかしいんだよ。
それを何と呼べばいいのか
わからないけど。

みんなが
パートナー
について話して
いても、私は
自分の恋愛関係
について
ちゃんと
話す気に
なれない。

アセクシュアリティが政治問題にまでなるなんて、信じられないかもしれないね。

セックスをしたことも、
しようとしたこともない人に、
体外受精を受けさせなくても
いいと思います

セックスをしたことのない
人に体外受精を許可すべきか

テレビで
こんなこと
言っても
いいわけ?!

セックスを
したくない人は、
子どもを育てられる
精神状態ではない
と思います

レイプや性的虐待は、アセクシュアルの人に**非常に**多く見られる問題なんだ。

強制的に、あるいは罪の意識のためにセックスをさせられた人の話を、これでもかというぐらい耳にした。

これは、アセクシュアルが本当のことではないとか、アセクシュアルについて学ぶ必要はないとかと退けられてきたことの結果なんだ。

アセクシュアリティは、この文化の中で、まだほとんど知られていない。知っている人の中にも、アセクシュアリティを実際の体験だと信じていない人や、注意を引くためのニセモノのアイデンティティとしか思っていない人もいる。

レイプや孤立や切り捨てや、病気や衝動的な行動だという非難が当然だと思われなくなるためには、アセクシュアルについて話せる場所と語彙が**必要だ**。

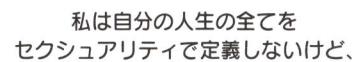

私は自分の人生の全てをセクシュアリティで定義しないけど、

それは私の体験の多くを形作ってきたものだ。

アセクシュアリティにラベルをつけることができれば、この文化の中で、より存在感が増すだろう。

存在感が増せば、理解も深まるだろう。

そうすれば、もっとこんなふうに受け止めてもらえるだろう。

ああ、そうなの

どういうことなのか、知りたいと思ってたんだ。ありがとう

いつものこんな反応ではなくてね。

大げさなんじゃないの。ぴったりな人に出会ってないだけだよ

…人生は、決して思い通りにはいかない。

誰であっても、期待に**すっかり**応えられる
人などいない。

おや

雨が降り
始めた…

与えられた困難を**すっかり**乗り越える
こともできない。

あ、
これを使おう

でも、自分が誰であるかが
理解できれば、人生の困難を
ずっと楽に切り抜ける
ことができるだろう。

人生は決してパーフェクトではない…

…でもそれを受け入れる
方法がわかって、
本当によかった。

もっと知りたい方のために

書籍

ジュリー・ソンドラ・デッカー著／上田勢子訳
『見えない性的指向 アセクシュアルのすべて
——誰にも性的魅力を感じない私たちについて』（明石書店、2019年）

アンジェラ・チェン著／羽生有希訳
『ACE——アセクシュアルから見たセックスと社会のこと』（左右社、2023年）

三宅大二郎・今徳はる香・神林麻衣・中村健
『いちばんやさしいアロマンティックやアセクシュアルのこと』
（明石書店、2024年）

情報発信

（日本語）
As loop
https://lit.link/asloop

（英語）
Asexual Visibility and Education Network（AVEN）
https://www.asexuality.org/

What Is Asexuality?
https://www.whatisasexuality.com/intro/

Resources for Ace Survivors
https://asexualsurvivors.org/

AZE
https://azejournal.com/

Ace Week（啓発週間）
https://aceweek.org/

「メンタルヘルスやセクシュアリティの面で、
規範的な文化にハマらない」人の豊かな生

中村 香住

　ここ数年で、日本でも、アセクシュアルやAce（アセクシュアル・スペクトラ
ム）についての書籍が少しずつ刊行されるようになってきた。ジュリー・ソン
ドラ・デッカー著／上田勢子訳『見えない性的指向 アセクシュアルのすべて
──誰にも性的魅力を感じない私たちについて』（明石書店、2019年）、アンジ
ェラ・チェン著／羽生有希訳『ACE──アセクシュアルから見たセックスと
社会のこと』（左右社、2023年）、三宅大二郎・今徳はる香・神林麻衣・中村健
『いちばんやさしいアロマンティックやアセクシュアルのこと』（明石書店、
2024年）など、翻訳書からAceに関する活動をしている人たちが書いた書籍ま
で、少しずつではあるが、確実に数が増えてきている。そうした状況の中で本
書は、著者であるレベッカ・バージェス自身の「アセクシュアル」としての実
体験を、絵と台詞という物語の形で生き生きと描き出している点に、大きな意
義があると思われる。

　いきなり個人的な事情の開陳を始めて恐縮だが、私はレズビアンで、クワロ
マンティック（quoiromantic）で、そして相当なアローセクシュアル（allosexual）
だと自認している。レズビアンは女性に性的指向が向く女性のことというのは
もうかなり定着したかもしれない。一方、「クワロマンティック」や「アロー
セクシュアル」については耳慣れない人も多いだろう。
　本書のコラムでも簡単に触れられているが、アロマンティック（aromantic）
／アセクシュアル（asexual）には、それぞれに「スペクトラム」と呼ばれるグ

ラデーションがあり、アロマンティック・スペクトラムのことは「Aro」、ア
セクシュアル・スペクトラムのことは「Ace」と呼称される。Aro/Aceには、
例えば、グレイロマンティック（まれに／弱く他者に恋愛的に惹かれることがあ
る）／グレイセクシュアル（まれに／弱く他者に性的に惹かれることがある）、デ
ミロマンティック（強い感情的絆や信頼関係がある相手にのみ恋愛的に惹かれる
ことがある）／デミセクシュアル（強い感情的絆や信頼関係がある相手にのみ性的に
惹かれることがある）、リスロマンティック（他者に恋愛的に惹かれるが、他者か
ら自分への恋愛的惹かれを求めない）／リスセクシュアル（他者に性的に惹かれる
が、他者から自分への性的惹かれを求めない）などの小カテゴリーがある。

　私が自認しているクワロマンティックは、アロマンティック・スペクトラム
の一つに位置づけられ、「恋愛的魅力（romantic attraction）」や「恋愛の指向
（romantic orientation）」といった概念自体が自分にとっては意味をなさない・適
さないと感じるアイデンティティのことである（中村 2021）。アローセクシュ
アルとは、アセクシュアルの対義語で、他者に性的に惹かれることがある人の
ことを指す。

　よって、最初にこの解説を依頼された時には、正直なところ、「私は『アセ
クシュアル』からはかなり遠い人間な気がするけど、大丈夫なのだろうか」と
少し不安に思った。私は確かにクワロマンティックというアロマンティック・
スペクトラムの中に位置づけられるアイデンティティを持っているが、アセク
シュアル・スペクトラムからは程遠い人間である、気がする。端的に言えば、
私は他者（レズビアンなので基本的に女性に対してのみだが）に性的に惹かれる
ことがかなり多い人間である。そんな私が、アセクシュアルの著者による自伝
のようなグラフィックノベルの解説を書いてよいのだろうかという葛藤があった。

　しかし、本書を読み進めていくうちに、びっくりするほど自分と近い感覚
が描かれていることに驚いた。私も「学生時代ずっと変人扱いされ」ていたし、
「それが私の日常だった」（第1章）。私は、社交はとても好きだし、外から見た
らかなり社交的な人間に見えると思うが、実は「人づきあいは私にとって自然

なことじゃな」くて「余計に集中しなくてはならない」ので、「人づきあいの後、疲れ」ているし、そのせいで「昼寝」してしまうこともよくある（第2章）。「多くのことが起きた日は、それが引き金になって体が『闘うか逃げるか』モードになってしまう」「アドレナリンとめまいが襲い、震えがきて、激しいむかつきが波のように押し寄せる」（第2章）といった症状は、著者の強迫性障害（OCD）のエピソードとして描かれているものだが、私がうつ病を経験する時の抑うつ症状にも近いものとして読めた。自律神経がうまくコントロールできず、どうにもこうにも交感神経が優位になってしまって、そこから動悸が起きることが私もよくある。

　もう少し読み進めると、「メンタルヘルスやセクシュアリティの面で、規範的な文化にハマらない人たちは、みんなこんなふうに感じているのかな？」（第2章）という記述があり、「ああ、そうか、著者と私の間には『メンタルヘルスやセクシュアリティの面で、規範的な文化にハマらない』という共通点があったのか！」と気がついた。この本は、セクシュアリティやメンタルヘルスなど様々な面で「規範的な文化にハマらない人」の経験を豊かに描き出したものでもある。

　さらに、著者がちょっといいかもしれないと思って親しくなったり恋愛的なお付き合いをしてみようと思ったりした男性との、身体的な接触についても、驚くほど共感できた。「ステキだと思った男の子」とキスをした時の「ぬるぬるで気持ち悪い…」（第2章）は、私が初めて男性とキスをした時にまさに強く感じた感覚である。身体を触られた時の「でも、この感じ、よくわからないけど、圧倒されそうだ」「それに触られている感覚、もっとめまいがしてきた」（第3章）も、男性に触られた時の感覚を思い出すと非常に共感できる。自分の意思ではどうしようもない、何か身体的とも言えるような拒否感があるのだ。「ごめんごめん。僕にできること、ない？」（第3章）と、触ってきた当の相手に言われて、面食らって困ってしまうのも、とてもよくわかる感覚だ。

　そこで気がついたのは、考えてみれば当たり前ではあるが、レズビアンであること（性的指向が女性に向く女性であること）は、男性に対して性的に惹かれ

ないということであり、それはつまり男性に対してはアセクシュアルの人と共通する感覚を有している可能性が高いということである。もちろん、アセクシュアルは性別に関係なく他者に性的に惹かれることがないセクシュアリティなので、異なる部分も多いが、少なくとも本書における男性との身体接触や性的接触に関する記述は、私自身のレズビアンとしての経験を思い起こさせるものだった。

　ところで、前述した、著者が言うところの「規範的な文化」は、第4章において「カップルになって、結婚して、家族になるという文化では…それが人生最大の目標なんだ」と具体的に記述し直される。これは、哲学者エリザベス・ブレイクが「恋愛伴侶規範（amatonormativity）[1]」という用語によって示そうとしたものと類似している。この規範は、「中心的で排他的な恋愛関係こそが人間にとって正常であり、また普遍的に共有された目的であるという想定、そしてそのような関係こそが規範的であり、他の関係のかたちよりも優先して目指されるべきであるという想定」（Brake 2012=2019: 157）からなるとされる。ブレイクの記述は、「結婚あるいは恋愛の関係でなければならないという想定は、近年、アーバン・トライブ[2]、クァーキアローン[3]、そしてポリアモリーやアセクシュアルの人々によって主張されてきたように、友人関係や他のケア関係の価値を貶める。性愛規範性は、ロマンティックな愛や結婚のために他の関係を犠牲にさせ、友人関係や一人でいることを文化的にみえなくしてしまうのである」（Brake 2012=2019: 157）と続く。家族社会学者の久保田裕之は、ブレイクの言う「恋愛伴侶規範」を、「①恋愛関係（romantic relationship）が、②他の関係に比べて普遍的な価値を持つために（普遍性の想定）、③他の関係よりも優先される（優先性の想定）ものとして理解されている」と整理し直している（久保田 2022: 224）。つまり、「恋愛伴侶規範」は、一対一の（モノアモリー的な）恋愛関係が特権的な関係性であると規定することにより、それ以外のケア関係を伴う重要な人間関係を不可視化してしまうというのだ。
　この物語の後半は、著者が「恋愛伴侶規範」に抵抗する草の根運動をしているようにも読める。もちろん、著者にとっては第一義的に「運動」ではなく、

日々の生活や自身の実存をどうにか生きながらえるための活動だったわけだが。

　例えば、「セックスやロマンスにつながらない物語を誰かと共同で書いてみ」る（第5章）のも、活動の一つに数えられるだろう。「恋愛伴侶規範」という、世の中のほとんどのメディアを支配している既存の古くさい規範から抜け出て、もっと自由な人間関係やケア関係の物語を想像／創造するのは、立派な草の根運動の一つのように思える。また、一緒に物語を紡ぎロールプレイをしていたソフィーと「恋愛」的な「パートナー」関係になった後は、「因習的な恋愛関係」ではない関係における特有の困難に直面し、それを一つ一つ乗り越えていく。例えば「アセクシュアルが知られていないことや、それについての手引きもなかったため、初めは少し問題もあった」「友情関係が特別な関係に変わったことが、自分たちにわかるような指標が存在しなかったから」（第5章）といった点は、「因習的な恋愛関係」ではない関係につきものの困難であろう。

　私にもクワロマンティック当事者として、「重要な他者」と便宜上呼んでいる、恋愛か友情かなどの区別を付けずに否応なく人として大事な他者がいるが、そうした人たちのことを「否応なく大事」であると他の人から認識してもらうのは難しい場合も多い。このように、「因習的な恋愛関係」ではない関係においては、既存の枠組みが利用できないだけに、手探りで自分たちにとって最適な方法を見つけなければならないことが多い。それは困難を伴う非常に大変なことであると同時に、クィアな関係性だからこその実験的な試みをパートナーと試せる創造的な行為でもある。

　このように、恋愛してセックスして結婚して一緒に生活するというような一連の「文化」にハマらない人たちの「生」のこと、そういう人たちの人生も決して軽んじられてはいけないということが、本書を読めば明確にわかるようになるだろう。

　そして、私が一番共感の怒りを覚えたのは、「ネット上で、LGBT＋コミュニティからさえも、怒りのメッセージを浴びせられ続けたり、アセクシュアリティを矮小化されることが多すぎて、一層つらさが増す」（第6章）という記述である。先ほどエリザベス・ブレイクの「恋愛伴侶規範」という言葉を紹介し

たが、これを日常のコミュニティ内でよく使われている言葉に置き換えると、恋愛至上主義であり（モノアモリーの）カップル主義であると言えるだろう。Aro/Aceの人たちがLGBT＋コミュニティからすらも攻撃を受けることがあるという現象は、LGBT＋コミュニティ内の恋愛至上主義やカップル主義の強さをよく表している。私自身はそうした風潮が本当に嫌で、東京レインボープライドのパレードなどに「独り身でもレズビアン」というプラカードを掲げて参加してきた。

　また、「レイプや孤立や切り捨てや、病気や衝動的な行動だという非難が当然だと思われなくなるためには、アセクシュアルについて話せる場所と語彙が必要だ」（第6章）という言葉は、私たちがそれぞれのセクシュアリティの「ラベル」（カテゴリー名）を必要とする理由を端的に言い表している。大学でセクシュアリティについて教えていると、しばしば、「なぜセクシュアリティのカテゴリーはこんなにたくさんあるのですか」「こんなに細かくセクシュアリティのカテゴリーを分けることに意味を感じません」といった質問を受ける。そのたびに私は、セクシュアリティの細かなカテゴリー名は外から「分類」するために生まれたものではなく、当事者が他のカテゴリー名にしっくりこなかった際にその都度「発明」しているものであり、当事者がアイデンティティとしてそれを持つために存在しているものだから意味があるのだと説明している。また、当事者たちが同じカテゴリー名のもとで連帯し、カテゴリー全体の社会に対する可視化を目指す意味でも必要なのだとも補足している。そのラベルを引き受けるか引き受けないかは別にしても、「ラベルがある」ということそのものが可視化してくれる生き方があるのだ。別の言い方をすれば、アンジェラ・チェンが哲学者アルフレッド・コージブスキーの「地図は現地ではない」という言葉を紹介しながら明快に述べるように、実際の土地はいつだって地図よりも豊かで多様であるが、それでも地図は理解のための入口の一つとしては役に立つということである（Chen 2020=2023: 77）。もっとも、本書を通読した読者は、きっと私がこんな説明をせずとも、「アセクシュアル」というラベルやそれにまつわる語彙の必要性を、著者の豊かな物語から体感として理解できることだろう。

いろいろと書いてきたが、本書はまず何よりも面白い。著者の実体験が正直にありありと書かれているので、ぐいと引き込まれて、最後まで一気に読んでしまうような「物語の力」がある。どうか、あなたも本書のページをめくって、「メンタルヘルスやセクシュアリティの面で、規範的な文化にハマらない」人の豊かな生を追体験してみてほしい。そのことによって、現在の社会構造についてクィアな視点から批判的に振り返ることにもなるだろう。良い旅を！

【注】

1）Amatonormativity は、『最小の結婚——結婚をめぐる法と道徳』においては「性愛規範性」と訳されている。一方、『ACE——アセクシュアルから見たセックスと社会のこと』においては、「恋愛伴侶規範」と訳されている。『ACE』の訳者の（そして『最小の結婚』の共訳者の一人でもある）羽生有希は、『ACE』においてこの訳語を選択した理由について、訳注の中で「ブレイクを引用する本書の『目的や文脈』に立ち戻れば、ここでは性愛と恋愛の結びつきというよりは、まさしく『恋愛再考』が問題となっていることは明らかである」「この箇所で著者のチェンはとりわけ、一対一恋愛の不当な中心性を明確に批判するためにamatonormativity という語を援用している」と述べている。本解説においても、amatonormativity という語を紹介する意図は、一対一の排他的な恋愛関係に社会的な特権を与える文化を批判するという点に着目するためであるので、「恋愛伴侶規範」を訳語として採用することにする。

2）アーバン・トライブ（urban tribes）とは、フランスの社会学ミシェル・マフェゾリ（Michel Maffesoli）が、現代社会に存在する選好や関心、ライフスタイルを共有する小さなグループ（小集団）に与えた類型である（Michel Maffesoli, 1988, *Le temps des tribus: Le déclin de l'individualisme dans les sociétés postmodernes*, Paris: Meridiens-Klincksieck.（古田幸男訳，1997，『小集団の時代——大衆社会における個人主義の衰退』法政大学出版局.）を参照のこと）。

3）「クァーキアローン」(quirkyalone)とは、一人でいることを楽しみ、カップルの関係を維持するためにデートするよりも一人でいることを好む人のことである（Cagen, Sasha, 2004, *Quirkyalone: A Manifesto for Uncompromising Romantics*, San Francisco: HarperOne. を参照のこと）。

【参考文献】

Brake, Elizabeth, 2012, *Minimizing Marriage: Marriage, Morality, and the Law*, Oxford: Oxford University Press.（久保田裕之監訳，羽生有希・藤間公太・本多真隆・佐藤美和・松田和樹・阪井裕一郎訳，2019，『最小の結婚——結婚をめぐる法と道徳』白澤社.）

Chen, Angela, 2020, *ACE: What Asexuality Reveals About Desire, Society, and the Meaning of Sex*, Boston: Beacon Press.（羽生有希訳，2023，『ACE——アセクシュアルから見たセックスと社会のこと』左右社.）

久保田裕之，2022，「性愛規範を超えて——最小結婚と非性愛的ケア（親密性）関係」植村恒一郎・横田祐美子・深海菊絵・岡野八代・志田哲之・阪井裕一郎・久保田裕之，『結婚の自由——「最小結婚」から考える』白澤社，221-52.

中村香住，2021，「クワロマンティック宣言——「恋愛的魅力」は意味をなさない！」『現代思想』49 (10): 60-9.

【訳者】

上田 勢子　うえだ・せいこ

東京生まれ。慶應義塾大学文学部社会学科卒。1979年より米国カリフォルニア州在住。主な訳書に『イラスト版　子どもの認知行動療法』シリーズ全10巻、『LGBTQってなに?』『見えない性的指向　アセクシュアルのすべて──誰にも性的魅力を感じない私たちについて』『第三の性「X」への道──男でも女でもない、ノンバイナリーとして生きる』『ノンバイナリーがわかる本──heでもsheでもない、theyたちのこと』(以上、明石書店)、『レッド──あかくてあおいクレヨンのはなし』『4歳からの性教育の絵本──コウノトリがはこんだんじゃないよ!』『8歳からの性教育の絵本──とってもわくわく!するはなし』『あなたの権利を知って使おう──子どもの権利ガイド』(以上、子どもの未来社)、『男の子をダメな大人にしないために、親のぼくができること』(平凡社)などがある。2人の息子が巣立った家に、現在は夫と1匹のネコと暮らしている。

【解説者】

中村 香住　なかむら・かすみ

神奈川県生まれ。神奈川大学人間科学部非常勤助手。

博士(社会学)。専門は文化社会学、ジェンダー・セクシュアリティ研究。第三波フェミニズムの観点からメイドカフェなど日本のポピュラーカルチャーについて研究をおこなうかたわら、レズビアン・クワロマンティック当事者として"恋愛至上主義にノレないセクシュアルマイノリティ"の居場所作りにも取り組む。

【著者】

レベッカ・バージェス　Rebecca Burgess

イギリス在住のコミック作家でイラストレーター。代名詞は they。HarperCollins、Jessica Kingsley、BQB といった出版社から YA と子ども向けの本を出版し、受賞作品も多い。余暇にはウェブコミックも描いている。特に自らの自閉スペクトラム症とクィアの体験を楽しく、感情を込めて伝えることに情熱を注いでいる。アセクシュアリティはレベッカの作品の多くに共通するテーマである。最近のウェブコミック『The Pauper's Prince』は自閉スペクトラム症の王子と平民の青年のアセクシュアルな恋愛を描いた物語。本書『私はアセクシュアル』に世界中の読者から届く数多くのメールに、レベッカは励まされ、読者と同じように、自分は一人ではないと感じている。愛猫やガールフレンドとリラックスした時間を過ごしたり、絵を描いたり、RPG（ロールプレイングゲーム）や歴史探求をしたり、ブリストルの小さな菜園で野菜を育てたりすることを楽しんでいる。

私はアセクシュアル
──自分らしさを見つけるまでの物語

2025年1月11日　初版第1刷発行

著　者	レベッカ・バージェス
訳　者	上　田　勢　子
解説者	中　村　香　住
発行者	大　江　道　雅
発行所	株式会社　明石書店

〒 101-0021　東京都千代田区外神田 6-9-5
電　話　03（5818）1171
Ｆ Ａ Ｘ　03（5818）1174
振　替　00100-7-24505
https://www.akashi.co.jp/

装丁　　　清水　肇（prigraphics）
印刷・製本　モリモト印刷株式会社

（定価はカバーに表示してあります）　　　　　ISBN978-4-7503-5826-0

見えない性的指向
アセクシュアル
のすべて

誰にも性的魅力を感じない
私たちについて

ジュリー・ソンドラ・デッカー [著]

上田勢子 [訳]

◎四六判／並製／320頁　◎2,300円

性的な関心が少ない、性的なものに惹かれない「アセクシュアル」を自認する人が増えている。アセクシュアリティの概説から暮らしの中で受ける誤解、さらには自分が、恋人が、友人がアセクシュアルだった場合の理解と対応まで、当事者として活動してきた著者が丁寧に説く。

《内容構成》──────

〈価格は本体価格です〉

いちばんやさしい
アロマンティックや
アセクシュアルのこと

三宅大二郎、今徳はる香、神林麻衣、中村健 [著]

◎四六判／並製／216頁　◎1,600円

他の人に恋愛感情を抱かない「アロマンティック」や、他の人に性愛感情を抱かない「アセクシュアル」について、Q&Aや座談会、調査報告などを通してわかりやすく伝える。当事者はもちろん、家族・友人、教育・福祉関係者など幅広い層に読んでほしい最初の一冊。

〈価格は本体価格です〉